EL CÓDIGO DE LA RIQUEZA

LA PSICOLOGÍA OCULTA DEL DINERO Y EL SISTEMA DE 90 DÍAS PARA CONVERTIR ANSIEDAD FINANCIERA EN INGRESOS, INGRESOS EN ACTIVOS… Y ACTIVOS EN PODER

INSPIRED LEGACY PRESS

EDGAR HERNÁNDEZ

INSPIRED
LEGACY PRESS

CRÉDITOS

Publicado por **Inspired Legacy Press**

Sparks, Nevada, USA

ISBN: **978-1-971513-44-7**

Diseño y maquetación: Inspired Legacy Press

Logotipo: **Inspired Enterprises LLC**

Primera edición — 2025

Impreso en los Estados Unidos de América

EPÍGRAFE

"El dinero jamás premia el sacrificio. Premia la mente capaz de imaginarlo, construirlo y multiplicarlo."

— Edgar Hernández · Inspired Legacy Press

Dedicatoria

A quienes sienten en lo más profundo de su ser
que nacieron para algo más grande.
A quienes se niegan a aceptar una vida limitada
por el miedo, la escasez o las reglas de otros.
A quienes están listos para pensar diferente,
actuar diferente
y construir una realidad que la mayoría
ni siquiera se atreve a imaginar.
Este libro es para quienes decidieron
dejar de sobrevivir...
y comenzar a crear riqueza, libertad y poder
con su mente, sus decisiones y su visión.
Porque el mundo cambia
cada vez que alguien descubre
el verdadero código de la riqueza.

— Edgar Hernández · Inspired Legacy Press

AGRADECIMIENTOS

Agradecimientos

Escribir sobre riqueza no es simplemente hablar de dinero.

Es hablar de mentalidad, disciplina, visión y transformación.

A lo largo de la historia, grandes pensadores, emprendedores y creadores han dedicado sus vidas a comprender las leyes invisibles que gobiernan el éxito, la abundancia y el progreso humano. Sus ideas, descubrimientos y filosofías han abierto caminos para millones de personas que buscan construir una vida más grande de lo que el mundo les dijo que era posible.

A todos aquellos que han dedicado su vida a estudiar, enseñar y expandir el conocimiento sobre crecimiento personal, desarrollo mental, estrategia financiera y creación de riqueza, les debo un profundo reconocimiento. Sus contribuciones han inspirado generaciones enteras a pensar diferente y a desafiar los límites de lo que parecía alcanzable.

También agradezco a cada lector que ha decidido tomar este libro en sus manos. El simple hecho de buscar conocimiento, cuestionar las creencias establecidas y aspirar a una vida de mayor libertad ya es una señal de liderazgo personal.

Este libro fue escrito con una intención clara: ofrecer una perspectiva poderosa sobre el dinero, la mente y la creación de riqueza que pueda transformar la forma en que las personas ven su potencial y su futuro.

Si estas páginas logran despertar en ti una nueva forma de pensar, actuar y construir tu realidad, entonces el propósito de este trabajo habrá sido cumplido.

— Edgar Hernández · Inspired Legacy Press

ÍNDICE

PRÓLOGO

Durante generaciones, el dinero ha sido uno de los temas más incomprendidos en la vida humana.

La mayoría de las personas pasa años estudiando materias complejas, aprendiendo habilidades técnicas y dedicando miles de horas a perfeccionar su trabajo... pero casi nadie recibe una educación real sobre cómo funciona el dinero, cómo se crea la riqueza o cómo se construye la libertad financiera.

Por esa razón, millones de personas viven atrapadas en un ciclo constante de esfuerzo, preocupación y limitación económica, incluso cuando trabajan duro y hacen todo lo que les dijeron que debían hacer.

No es falta de talento.

No es falta de esfuerzo.

Es falta de comprensión.

A lo largo de la historia, sin embargo, siempre ha existido un pequeño grupo de personas que parecen entender algo diferente. Personas que logran crear riqueza, expandir oportunidades y construir estabilidad financiera mientras otros permanecen atrapados en la incertidumbre.

La pregunta que inevitablemente surge es simple:

¿Qué saben ellos que la mayoría no sabe?

La respuesta no se encuentra únicamente en estrategias financieras o fórmulas económicas. La verdadera diferencia comienza en un lugar mucho más profundo: la forma en que esas personas piensan, perciben y toman decisiones sobre el dinero.

Antes de que la riqueza se manifieste en el mundo físico, primero se construye en la mente.

Las decisiones financieras que tomamos, los riesgos que asumimos, las oportunidades que vemos y las acciones que ejecutamos están determinadas por un sistema interno de creencias, percepciones y hábitos que pocas veces cuestionamos.

Ese sistema invisible es lo que este libro llama **El Código de la Riqueza.**

Este código no es una fórmula mágica ni una promesa irreal. Es una forma diferente de entender el dinero, las oportunidades y el poder personal que cada individuo posee para crear valor, generar ingresos y construir activos que transformen su futuro.

A lo largo de las páginas que siguen, descubrirás cómo funciona la psicología del dinero, por qué tantas personas permanecen atrapadas en la ansiedad financiera y cómo es posible transformar esa realidad mediante un sistema claro de pensamiento y acción.

Porque la riqueza no es un accidente.

Es el resultado de comprender ciertas leyes, adoptar ciertas mentalidades y ejecutar ciertas decisiones de manera consistente.

Y cuando una persona aprende a ver el dinero desde esta perspectiva, algo comienza a cambiar.

Las oportunidades se vuelven más visibles.

Las decisiones se vuelven más estratégicas.

Y la relación con el dinero deja de estar dominada por el miedo para comenzar a estar guiada por el conocimiento.

Este libro es una invitación a explorar ese cambio.

Una invitación a mirar el dinero desde una perspectiva diferente y a descubrir que, detrás de lo que parece un sistema complejo y reservado para unos pocos, existen principios que cualquier persona puede aprender, aplicar y dominar.

El camino hacia la riqueza comienza mucho antes de que aparezcan los resultados financieros.

Comienza en la mente.

Y todo comienza con comprender el código.

INTRODUCCIÓN

El verdadero problema del dinero

Durante años, millones de personas han vivido con la misma sensación silenciosa en el fondo de su mente:

Trabajan duro.

Se esfuerzan.

Intentan hacer lo correcto.

Y aun así, el dinero parece escapar de sus manos.

Llega… y desaparece.

Aparecen gastos inesperados.

Las oportunidades parecen pasar frente a otros, pero no frente a ellos.

Mientras tanto, observan a ciertas personas que parecen moverse en otro mundo. Personas que crean negocios, multiplican ingresos, construyen activos y toman decisiones financieras con una claridad que para muchos resulta casi incomprensible.

Esto genera una pregunta inevitable:

¿Qué saben ellos que la mayoría no sabe?

Durante mucho tiempo se nos ha enseñado que la riqueza depende de factores como la suerte, las circunstancias o incluso el lugar donde una persona nace.

Pero cuando observamos con atención a quienes realmente construyen riqueza de manera consistente, descubrimos algo mucho más interesante.

La diferencia no comienza en el dinero.

Comienza en la mente.

Antes de que una persona construya ingresos, activos o libertad financiera, primero desarrolla una forma distinta de pensar sobre el dinero, el valor, las oportunidades y el riesgo.

Esa forma de pensar influye en cada decisión que toma.

Influye en cómo administra su dinero.

En qué oportunidades reconoce.

En qué riesgos decide asumir.

Y en qué acciones ejecuta día tras día.

Con el tiempo, esas decisiones producen resultados financieros completamente diferentes.

En otras palabras, la riqueza no es un accidente.

Es el resultado de un conjunto de principios invisibles que gobiernan la forma en que las personas perciben y utilizan el dinero.

A ese conjunto de principios lo llamaremos **El Código de la Riqueza**.

La mayoría de las personas nunca ha sido expuesta a este código.

No porque sea secreto en el sentido tradicional, sino porque simplemente no forma parte de la educación convencional. En la escuela aprendemos matemáticas, historia, ciencias y muchas otras disciplinas importantes, pero rara vez recibimos una educación real sobre cómo funciona el dinero o cómo se construye la riqueza en el mundo moderno.

Como resultado, millones de personas pasan décadas trabajando sin comprender completamente las reglas del juego financiero en el que participan todos los días.

Este libro fue escrito para cambiar eso.

En las páginas que siguen descubrirás cómo funciona la **psicología del dinero**, por qué tantas personas viven atrapadas en la ansiedad financiera y cómo es posible transformar esa realidad mediante un sistema claro de pensamiento y acción.

Pero hay algo importante que debes entender desde ahora.

Este libro no trata simplemente de ganar más dinero.

Trata de algo mucho más profundo.

Trata de desarrollar una forma diferente de pensar sobre el dinero, sobre el valor y sobre el poder personal que cada individuo tiene para construir su propio futuro financiero.

Porque cuando la mente cambia, las decisiones cambian.

Y cuando las decisiones cambian, los resultados inevitablemente comienzan a transformarse.

Por esa razón, este libro está estructurado alrededor de un sistema claro y progresivo.

A lo largo de los capítulos descubrirás cinco códigos fundamentales que explican cómo funciona realmente la creación de riqueza:

El primero tiene que ver con **la mente** y las creencias invisibles que determinan nuestra relación con el dinero.

El segundo se enfoca en **el control financiero**, una habilidad esencial que separa a quienes viven en constante presión económica de quienes construyen estabilidad y claridad financiera.

El tercero revela cómo funciona **la generación de ingresos**, y por qué algunas personas parecen multiplicar oportunidades mientras otras permanecen atrapadas en los mismos límites.

El cuarto explora **la creación de activos**, el verdadero motor que permite construir riqueza a largo plazo.

Y finalmente, el quinto código presenta **un sistema práctico de 90 días** diseñado para ayudarte a aplicar estos principios de forma concreta y comenzar a transformar tu realidad financiera.

A lo largo de este proceso descubrirás que la riqueza no es un privilegio reservado para unos pocos.

Es una habilidad que puede aprenderse.

Un sistema que puede comprenderse.

Y una mentalidad que puede desarrollarse con el tiempo.

Todo comienza con una decisión simple.

La decisión de cuestionar lo que creías saber sobre el dinero.

Y de abrir tu mente a la posibilidad de que, detrás de las reglas invisibles del mundo financiero, existe un código que puede cambiar completamente la forma en que construyes tu vida.

Ese código está a punto de revelarse.

Bienvenido a **El Código de la Riqueza**.

PARTE I

CÓDIGO 1 — LA MENTE DE RIQUEZA

Antes de que una persona construya riqueza en el mundo exterior, algo mucho más importante ocurre en su mundo interior.

Cada decisión financiera que tomamos —desde cómo gastamos dinero hasta cómo identificamos oportunidades— está influenciada por un conjunto invisible de creencias, percepciones y hábitos mentales que se formaron mucho antes de que comenzáramos a pensar conscientemente sobre el dinero.

Ese sistema interno actúa como un filtro.

Filtra las oportunidades que vemos.

Filtra los riesgos que estamos dispuestos a asumir.

Y filtra la manera en que interpretamos el valor, el esfuerzo y la recompensa.

La mayoría de las personas nunca cuestiona ese sistema.

Simplemente repite lo que aprendió.

Aprendió a trabajar por dinero.

Aprendió a pensar que el dinero es difícil de obtener.

Aprendió que la seguridad está en la estabilidad, no en la expansión.

Y sin darse cuenta, esas ideas se convierten en una especie de programación silenciosa que guía sus decisiones durante años, incluso décadas.

El problema es que muchas de esas creencias fueron creadas en contextos completamente diferentes al mundo actual.

Fueron heredadas de generaciones que vivieron en economías distintas, oportunidades distintas y realidades completamente distintas.

Sin embargo, continúan influyendo profundamente en la forma en que millones de personas piensan sobre el dinero.

Por esa razón, cuando algunas personas comienzan a construir riqueza, no lo hacen simplemente porque descubrieron una estrategia financiera diferente.

Lo hacen porque primero desarrollaron **una forma distinta de pensar**.

Comenzaron a ver el dinero como una herramienta.

Comenzaron a reconocer oportunidades donde antes solo veían incertidumbre.

Y comenzaron a tomar decisiones basadas en expansión en lugar de limitación.

Este cambio mental es el primer paso para comprender **El Código de la Riqueza**.

Porque la riqueza no comienza con una cuenta bancaria.

Comienza con una forma diferente de percibir el mundo.

En los capítulos que siguen exploraremos tres elementos fundamentales que transforman la relación de una persona con el dinero:

Primero, entenderemos por qué la mayoría de las

personas nunca llega a construir riqueza, incluso cuando trabajan duro.

Luego analizaremos la programación financiera invisible que moldea nuestras decisiones sin que lo notemos.

Y finalmente descubriremos cómo desarrollar una identidad capaz de atraer, crear y multiplicar oportunidades financieras.

Este es el primer código.

Y como descubrirás muy pronto, cuando la mente cambia, todo lo demás comienza a cambiar con ella.

1

POR QUÉ LA MAYORÍA NUNCA CONSTRUIRÁ RIQUEZA

Existe una creencia profundamente arraigada en nuestra sociedad.

La idea de que, si una persona trabaja lo suficiente, tarde o temprano logrará estabilidad financiera e incluso riqueza.

Desde pequeños escuchamos frases como:

"Trabaja duro."

"Consigue un buen empleo."

"Sé responsable con tu dinero."

En teoría, estos consejos parecen razonables. Durante generaciones han sido presentados como el camino natural hacia la seguridad económica.

Sin embargo, cuando observamos el mundo real con honestidad, aparece una contradicción difícil de ignorar.

Millones de personas trabajan duro todos los días...

y aun así viven con presión financiera constante.

Se levantan temprano.

Cumplen con sus responsabilidades.

Intentan administrar su dinero con cuidado.

Pero el resultado rara vez cambia.

El dinero entra... y sale.

Las deudas aparecen.

Los gastos aumentan.

Y la sensación de estabilidad financiera parece siempre estar a unos pasos de distancia, pero nunca completamente al alcance.

Mientras tanto, existe otro grupo de personas que parece operar bajo reglas completamente diferentes.

Personas que construyen negocios.

Crean activos.

Multiplican ingresos.

Y aunque también trabajan y enfrentan desafíos, su relación con el dinero parece moverse en una dirección distinta.

No se trata simplemente de cuánto trabajan.

Se trata de **cómo piensan.**

Porque la diferencia fundamental entre quienes permanecen atrapados en ciclos financieros limitados y quienes construyen riqueza rara vez comienza en el dinero.

Comienza en la forma en que interpretan el mundo económico.

La mayoría de las personas fue educada para **participar en el sistema económico.**

Pero muy pocas fueron educadas para **entender cómo funciona realmente ese sistema.**

Se les enseñó a buscar estabilidad.

A cambio de tiempo.

A cambio de esfuerzo.

A cambio de seguridad.

Pero raramente se les enseñó cómo se crea el dinero, cómo se multiplica el valor o cómo se construyen activos que generan riqueza a largo plazo.

Por esa razón, millones de personas pasan décadas intercambiando su tiempo por ingresos limitados, mientras otros aprenden a construir sistemas que generan valor incluso cuando ellos no están trabajando directamente.

Esto no ocurre porque unos sean más inteligentes que otros.

O porque tengan una suerte especial.

O porque nacieron en circunstancias perfectas.

Ocurre porque desarrollaron una perspectiva distinta sobre el dinero.

Mientras la mayoría piensa en términos de **ingresos**, ellos piensan en términos de **activos.**

Mientras la mayoría busca seguridad inmediata, ellos construyen valor a largo plazo.

Mientras la mayoría ve el dinero como algo que se gana con esfuerzo constante, ellos lo ven como algo que puede **crearse, multiplicarse y dirigirse estratégicamente.**

Esta diferencia de perspectiva cambia completamente el juego.

Y lo más importante es que no se trata de un talento reservado para unos pocos.

Es una forma de pensar que puede aprenderse.

Pero para hacerlo, primero es necesario reconocer algo que muchas personas encuentran incómodo aceptar:

La educación financiera tradicional que la mayoría recibió nunca fue diseñada para enseñar a construir riqueza.

Fue diseñada para enseñar a funcionar dentro de un sistema económico específico.

Un sistema donde la estabilidad es priorizada sobre la expansión.

Donde la seguridad es priorizada sobre la oportunidad.

Y donde el dinero se percibe más como una recompensa por el trabajo que como una herramienta para crear valor.

Cuando una persona comienza a cuestionar esa programación, algo interesante ocurre.

Empieza a ver el dinero desde una perspectiva completamente distinta.

Empieza a notar oportunidades donde antes solo veía riesgo.

Empieza a comprender que la riqueza no es el resultado de un evento aislado, sino el resultado de una serie de decisiones estratégicas acumuladas con el tiempo.

Y lo más importante:

Empieza a darse cuenta de que el dinero no responde únicamente al esfuerzo.

Responde a la **claridad mental, la estrategia y la capacidad de crear valor en el mundo.**

Este es el primer paso para descifrar **El Código de la Riqueza.**

Antes de aprender a generar ingresos, construir activos o desarrollar sistemas financieros, es necesario comprender por qué tantas personas permanecen atrapadas en patrones financieros que parecen repetirse una y otra vez.

Porque una vez que ese patrón se vuelve visible, algo cambia.

La relación con el dinero deja de ser una lucha constante.

Y comienza a convertirse en un juego de estrategia, visión y creación de valor.

Ese cambio mental es el inicio de todo.

Y en el siguiente capítulo exploraremos una de las fuerzas más poderosas —y menos visibles— que influye en nuestra relación con el dinero:

La programación financiera invisible.

2

LA PROGRAMACIÓN FINANCIERA INVISIBLE

Pocas personas recuerdan el momento exacto en el que comenzaron a formar sus ideas sobre el dinero.

No ocurrió en una sola conversación.

No fue una sola lección.

Fue un proceso silencioso que comenzó mucho antes de que tuvieras la capacidad de cuestionarlo.

Desde la infancia, todos absorbemos mensajes sobre el dinero.

Mensajes que escuchamos en casa.

En la escuela.

En conversaciones familiares.

En la cultura que nos rodea.

Algunas frases se repiten tanto que terminan convirtiéndose en verdades incuestionables.

"El dinero es difícil de ganar."

"Los ricos siempre explotan a alguien."

"El dinero cambia a las personas."

"No nacimos para ser ricos."

Quizás nunca escuchaste exactamente esas frases.

Pero casi todos hemos estado expuestos a alguna versión de ellas.

Y aunque muchas veces se dicen sin mala intención, esas ideas comienzan a formar lo que podríamos llamar **un mapa mental del dinero.**

Ese mapa mental influye en cómo interpretamos las oportunidades financieras.

Influye en cuánto creemos que podemos ganar.

Influye en cuánto creemos que merecemos.

E incluso influye en cuánto dinero nos sentimos cómodos teniendo.

Este fenómeno es lo que muchos psicólogos llaman **programación financiera.**

Es el conjunto de creencias y percepciones que se forman en nuestra mente sobre el dinero antes de que desarrollemos una comprensión consciente del mundo económico.

Y aunque no lo notemos, esa programación continúa influyendo en nuestras decisiones durante años.

Influye cuando elegimos una carrera.

Influye cuando decidimos aceptar o rechazar una oportunidad.

Influye cuando pensamos si algo es posible o imposible para nosotros.

La mente humana funciona en gran medida a través de patrones.

Cuando una idea se repite suficientes veces, el cerebro comienza a tratarla como una regla.

Y una vez que una regla se establece en nuestra mente, tendemos a tomar decisiones que la confirman.

Por ejemplo, si una persona cree profundamente que el dinero es escaso o difícil de obtener, es más probable que interprete las oportunidades con miedo o escepticismo.

Si cree que la estabilidad es más importante que la expansión, probablemente evitará decisiones que impliquen riesgo, incluso cuando esas decisiones podrían generar crecimiento.

No porque la persona carezca de talento o inteligencia.

Sino porque su sistema mental está tratando de mantenerse dentro de los límites que considera seguros.

Esta es una de las razones por las que muchas personas se sienten atrapadas financieramente incluso cuando trabajan duro.

No están luchando solo contra circunstancias externas.

También están operando dentro de un marco mental que limita lo que consideran posible.

Pero aquí aparece una noticia importante.

La programación mental no es permanente.

Las creencias pueden cambiar.

Los patrones pueden modificarse.

Y la forma en que interpretamos el dinero puede evolucionar.

La diferencia entre quienes permanecen atrapados en ciclos financieros limitados y quienes comienzan a construir riqueza muchas veces comienza con un momento de conciencia.

Un momento en el que la persona se da cuenta de que muchas de las ideas que ha aceptado sobre el dinero nunca fueron examinadas.

Simplemente fueron heredadas.

Cuando ese momento ocurre, algo comienza a cambiar.

Las reglas dejan de parecer absolutas.

Las posibilidades comienzan a expandirse.

Y el dinero deja de verse como algo misterioso o inaccesible para comenzar a verse como un sistema que puede entenderse.

Ese es el punto en el que una persona comienza a desarrollar **una nueva relación con el dinero.**

Una relación basada no en miedo o limitación, sino en comprensión.

Y cuando esa comprensión comienza a desarrollarse, el siguiente paso es inevitable.

La persona empieza a cambiar no solo lo que piensa sobre el dinero...

sino **quién cree que puede llegar a ser.**

Ese es el momento en el que aparece el tercer elemento fundamental del primer código:

La identidad financiera.

Porque al final, la riqueza no responde solo a lo que sabemos.

Responde a **quién creemos que somos capaces de convertirnos.**

3

LA IDENTIDAD QUE ATRAE DINERO

Existe una pregunta que pocas personas se hacen cuando piensan en el dinero.

La mayoría pregunta:

¿Cómo puedo ganar más dinero?

Es una pregunta lógica.

Pero también es una pregunta incompleta.

Porque el dinero rara vez responde solo a lo que hacemos.

Responde a **quién somos cuando tomamos decisiones.**

Dos personas pueden tener acceso a las mismas oportunidades, la misma información e incluso el mismo punto de partida financiero.

Sin embargo, con el paso del tiempo, sus resultados pueden ser completamente distintos.

Una puede construir estabilidad, ingresos y activos.

La otra puede permanecer atrapada en ciclos financieros que parecen repetirse una y otra vez.

La diferencia muchas veces no se encuentra en la inteligencia, en el talento o en el esfuerzo.

Se encuentra en algo mucho más profundo.

La identidad financiera.

La identidad financiera es la forma en que una persona se percibe a sí misma en relación con el dinero.

Es el conjunto de creencias, percepciones y expectativas que determinan cómo actuamos cuando aparecen oportunidades económicas.

Influye en decisiones como:

Cuánto creemos que podemos ganar.

Cuánto dinero creemos que merecemos.

Qué oportunidades creemos que están disponibles para nosotros.

Y qué tipo de vida financiera creemos que es posible construir.

La mayoría de las personas nunca reflexiona sobre su identidad financiera.

Simplemente actúan de acuerdo con la historia que han contado sobre sí mismos durante años.

Historias como:

"Yo no soy bueno para los negocios."

"El dinero siempre ha sido difícil para mí."

"Las oportunidades grandes son para otras personas."

Estas frases parecen inofensivas.

Pero cuando se repiten durante años, se convierten en algo más que pensamientos.

Se convierten en **instrucciones internas.**

La mente humana tiene una característica interesante.

Tiende a comportarse de manera coherente con la identidad que cree tener.

Si una persona se ve a sí misma como alguien que siempre lucha con el dinero, inconscientemente tomará decisiones que mantengan esa narrativa.

Evitará ciertos riesgos.

Subestimará su valor.

O incluso rechazará oportunidades que podrían cambiar su situación financiera.

No porque quiera fracasar.

Sino porque su mente está intentando mantenerse coherente con la historia que cree sobre sí misma.

Este fenómeno explica por qué muchas personas experimentan mejoras financieras temporales pero luego regresan a su punto original.

Quizás reciben un aumento.

Quizás ganan dinero inesperado.

Quizás experimentan un periodo de abundancia.

Pero si su identidad financiera no ha cambiado, con el tiempo sus decisiones tienden a llevarlos de regreso al mismo nivel donde se sienten "normales".

Por esa razón, la verdadera transformación financiera rara vez comienza con el dinero.

Comienza con **la identidad**.

Las personas que construyen riqueza de manera consistente tienden a desarrollar una identidad diferente.

No necesariamente nacieron con ella.

La desarrollaron.

Comenzaron a verse a sí mismos como creadores de valor.

Como personas capaces de identificar oportunidades.

Como individuos capaces de aprender, adaptarse y tomar decisiones estratégicas.

Esa identidad cambia la forma en que perciben el mundo.

Cuando aparece una oportunidad, no piensan inmediatamente en por qué podría fallar.

Piensan en cómo podría funcionar.

Cuando enfrentan un desafío financiero, no lo interpretan como una señal de incapacidad.

Lo interpretan como un problema que puede resolverse.

Y cuando comienzan a generar resultados, no los ven como suerte.

Los ven como evidencia de que están construyendo algo real.

Este cambio de identidad no ocurre de la noche a la mañana.

Es un proceso.

Un proceso que comienza con una decisión sencilla pero poderosa:

La decisión de cuestionar la identidad financiera que hemos aceptado durante años.

Preguntarte:

¿La forma en que pienso sobre el dinero realmente me está ayudando?

¿Las creencias que tengo sobre el dinero son mías... o simplemente las heredé?

¿La historia que me cuento sobre mis posibilidades financieras refleja mi potencial real?

Estas preguntas pueden ser incómodas.

Pero también pueden ser profundamente liberadoras.

Porque cuando una persona comienza a cuestionar su identidad financiera, algo importante sucede.

La mente deja de ver el futuro como una extensión automática del pasado.

Comienza a verlo como un espacio de posibilidades.

Y ese cambio de perspectiva abre la puerta a nuevas decisiones.

Decisiones que antes parecían imposibles.

Decisiones que comienzan a construir una nueva narrativa.

La narrativa de alguien que está aprendiendo a comprender el dinero.

Alguien que está desarrollando habilidades financieras.

Alguien que está construyendo una relación diferente con las oportunidades.

En otras palabras:

La narrativa de alguien que está empezando a **pensar como creador de riqueza**.

Y cuando esa identidad comienza a fortalecerse, el dinero deja de ser un misterio.

Se convierte en una consecuencia.

Una consecuencia de decisiones más claras.

De una visión más amplia.

Y de una mente que ya no está limitada por las historias que alguna vez creyó inmutables.

Ese es el verdadero propósito del primer código.

No se trata simplemente de aprender ideas nuevas sobre el dinero.

Se trata de desarrollar una mentalidad capaz de ver el mundo financiero desde una perspectiva completamente distinta.

Porque cuando la mente cambia, las decisiones cambian.

Y cuando las decisiones cambian de manera consistente, los resultados inevitablemente comienzan a transformarse.

Ese es el punto donde muchas personas comienzan a notar algo interesante.

El dinero deja de sentirse como algo incontrolable.

Y comienza a sentirse como algo que puede comprenderse, dirigirse y multiplicarse.

Pero para que esa transformación continúe, hay una habilidad fundamental que debe desarrollarse.

Una habilidad que separa a quienes viven bajo presión financiera constante de quienes construyen estabilidad y claridad económica.

Esa habilidad es **el control del dinero.**

PARTE II

CÓDIGO 2 — EL CONTROL DEL DINERO

Una de las mayores ilusiones que existe sobre el dinero es creer que el problema principal de la mayoría de las personas es **ganar más dinero**.

A primera vista parece lógico.

Si alguien tiene dificultades financieras, lo más natural es pensar que simplemente necesita más ingresos.

Sin embargo, cuando observamos la realidad con atención, descubrimos algo sorprendente.

Millones de personas aumentan sus ingresos a lo largo de su vida...

y aun así continúan sintiendo presión financiera.

Consiguen un mejor empleo.

Reciben un aumento.

Generan más dinero que antes.

Pero con el paso del tiempo ocurre algo curioso.

Sus gastos también aumentan.

Nuevas responsabilidades aparecen.

El nivel de vida cambia.

Las obligaciones financieras crecen.

Y el resultado final es que, aunque ganan más dinero que antes, la sensación de control financiero sigue siendo frágil.

Esto ocurre porque el verdadero problema rara vez es únicamente el nivel de ingresos.

El verdadero problema es **la falta de control sobre el flujo del dinero.**

El dinero que entra.

El dinero que sale.

Y las decisiones que conectan ambos.

Sin control, incluso grandes ingresos pueden desaparecer rápidamente.

Con control, incluso ingresos moderados pueden convertirse en estabilidad y crecimiento.

Las personas que construyen riqueza de manera consistente desarrollan una habilidad que muchas veces pasa desapercibida.

Aprenden a **dirigir el dinero.**

No simplemente a ganarlo.

Comprenden que el dinero es como una corriente de energía que necesita ser guiada con intención.

Si se mueve sin dirección, se dispersa.

Si se dirige estratégicamente, puede construir algo poderoso con el tiempo.

Por esa razón, antes de hablar de grandes inversiones, oportunidades extraordinarias o estrategias avanzadas, es necesario comprender algo fundamental:

La riqueza comienza con el control.

Control sobre cómo entra el dinero.

Control sobre cómo se utiliza.

Y control sobre cómo se transforma en algo que pueda crecer con el tiempo.

En los capítulos que siguen exploraremos tres elementos esenciales para desarrollar este control financiero.

Primero entenderemos uno de los errores más comunes que mantiene a millones de personas atrapadas en ciclos económicos repetitivos.

Luego analizaremos la estructura básica que permite organizar el dinero de forma clara y estratégica.

Y finalmente exploraremos cómo funciona realmente el flujo del dinero, y cómo dirigirlo de manera inteligente para construir estabilidad y crecimiento financiero.

Este es el segundo código.

El momento en el que el dinero deja de sentirse como algo impredecible...

y comienza a convertirse en algo que puede **comprenderse, organizarse y dirigir con claridad.**

Porque cuando una persona aprende a controlar el dinero, algo importante cambia.

La ansiedad financiera comienza a disminuir.

Las decisiones se vuelven más conscientes.

Y el camino hacia la construcción de riqueza empieza a volverse visible.

Ese camino comienza con comprender **el error financiero que mantiene a millones de personas atrapadas sin que siquiera lo noten.**

4

EL ERROR FINANCIERO QUE MANTIENE A LA GENTE ATRAPADA

Existe un fenómeno financiero tan común que la mayoría de las personas lo experimenta... sin siquiera darse cuenta.

No ocurre de manera dramática.

No ocurre de la noche a la mañana.

Ocurre lentamente, casi de forma invisible.

Y sin embargo, es una de las razones más poderosas por las que millones de personas trabajan durante décadas sin lograr construir riqueza real.

Este fenómeno se conoce como **expansión del estilo de vida.**

Y funciona de una manera muy simple.

Cuando una persona comienza a ganar más dinero, su estilo de vida comienza a expandirse al mismo ritmo.

Al principio, el cambio parece completamente razonable.

Un ingreso mayor permite mejorar ciertas cosas.

Quizás un automóvil mejor.

Una vivienda más cómoda.

Más entretenimiento.

Más comodidades.

Nada de esto parece problemático.

De hecho, en muchos casos es completamente natural querer mejorar la calidad de vida cuando los ingresos aumentan.

El problema aparece cuando esta expansión ocurre **sin estrategia.**

Porque cuando el estilo de vida crece al mismo ritmo que los ingresos, algo importante nunca sucede.

El dinero nunca tiene la oportunidad de **convertirse en riqueza.**

Simplemente pasa a través de la vida de la persona.

Entra... y sale.

Entra... y sale.

Y aunque el nivel de ingresos pueda aumentar con el tiempo, la estructura financiera permanece esencialmente igual.

Este patrón explica por qué muchas personas que ganan buenos ingresos todavía viven bajo presión económica.

Desde el exterior, sus vidas parecen prósperas.

Tienen buenos empleos.

Buen estilo de vida.

Ciertas comodidades.

Pero detrás de esa apariencia, su situación financiera sigue dependiendo completamente de ingresos constantes.

Si esos ingresos se detuvieran por un periodo prolongado, su estabilidad económica podría verse seriamente afectada.

Esto ocurre porque el dinero que ganan no se está transformando en **activos que generen riqueza.**

Se está transformando principalmente en **consumo.**

La cultura moderna, de hecho, refuerza este patrón constantemente.

Publicidad, redes sociales y presiones sociales envían un mensaje silencioso pero constante:

A medida que ganas más, deberías gastar más.

Deberías mostrar más éxito.

Deberías elevar constantemente tu estilo de vida.

Pero las personas que realmente construyen riqueza entienden algo diferente.

Comprenden que existe una diferencia fundamental entre **parecer próspero** y **ser financieramente poderoso**.

Parecer próspero significa mostrar señales visibles de éxito.

Autos costosos.

Ropa de lujo.

Gastos elevados.

Ser financieramente poderoso significa algo distinto.

Significa poseer activos.

Significa tener dinero trabajando para ti.

Significa que tus ingresos no dependen exclusivamente de tu tiempo o tu esfuerzo directo.

Este cambio de perspectiva transforma completamente la relación con el dinero.

En lugar de ver cada aumento de ingresos como una oportunidad para expandir el consumo, las personas que construyen riqueza ven esos aumentos como **oportunidades para expandir su base de activos.**

En otras palabras, dirigen el dinero hacia cosas que pueden crecer.

Negocios.

Inversiones.

Activos productivos.

Esto no significa que nunca disfruten del dinero.

Significa que entienden el momento correcto para hacerlo.

Primero construyen la base.

Luego disfrutan la expansión.

La mayoría de las personas, en cambio, hace lo contrario.

Primero expande el estilo de vida.

Y solo después, si queda algo, piensa en construir riqueza.

El resultado es que muchas veces nunca queda suficiente para crear algo significativo.

Comprender este patrón es uno de los momentos más importantes en la transformación financiera de una persona.

Porque cuando se vuelve visible, algo cambia.

El dinero deja de verse simplemente como una herramienta para consumir.

Y comienza a verse como una herramienta para **construir algo más grande que el presente inmediato.**

Ese cambio de mentalidad abre la puerta a una habilidad aún más importante.

La habilidad de **organizar el dinero de manera estratégica.**

Porque una vez que dejamos de permitir que el dinero fluya sin dirección, aparece la pregunta inevitable:

¿Cómo debería organizarse el dinero para construir estabilidad, crecimiento y riqueza?

La respuesta comienza con algo que la mayoría de las personas nunca ha aprendido.

La estructura de control financiero.

5

LA ESTRUCTURA DE CONTROL FINANCIERO

Uno de los mayores errores que cometen muchas personas con el dinero no es gastar demasiado.

Es algo mucho más simple.

No tener una estructura clara para dirigirlo.

La mayoría de las personas trata el dinero de manera reactiva.

El dinero llega.

Se pagan cuentas.

Se cubren gastos.

Se resuelven necesidades inmediatas.

Y lo que queda, si algo queda, se guarda o se utiliza más adelante.

Este enfoque parece normal porque es el que la mayoría ha visto toda su vida.

Pero tiene un problema importante.

El dinero no tiene dirección.

Simplemente responde a las circunstancias del momento.

Las personas que construyen riqueza rara vez manejan su dinero de esta manera.

Ellas utilizan algo mucho más poderoso.

Una estructura.

Una estructura financiera es un sistema claro que define **a dónde debe ir el dinero antes incluso de que llegue.**

Esto cambia completamente la dinámica.

En lugar de reaccionar al dinero, la persona comienza a **dirigirlo con intención.**

Imagina el dinero como si fuera agua.

Si el agua fluye sin canales, se dispersa.

Pero si existen canales bien diseñados, el agua puede dirigirse hacia lugares específicos.

Puede alimentar un sistema.

Puede crear movimiento.

Puede generar crecimiento.

El dinero funciona de una forma muy similar.

Cuando no existe una estructura, el dinero se dispersa en consumo, gastos espontáneos y decisiones impulsivas.

Pero cuando existe una estructura clara, el dinero comienza a trabajar con propósito.

Una de las estructuras más efectivas y simples se basa en dividir el flujo de dinero en **tres direcciones principales.**

La primera dirección es **estabilidad.**

Esta parte del dinero se destina a cubrir las necesidades esenciales de la vida.

Vivienda.

Alimentación.

Servicios básicos.

Responsabilidades financieras.

El objetivo de esta parte no es crecer, sino crear una base sólida que permita operar con tranquilidad.

La segunda dirección es **expansión.**

Aquí es donde muchas personas comienzan a diferenciarse financieramente.

En lugar de dirigir todo el dinero hacia consumo, una parte se dirige hacia actividades que pueden aumentar la capacidad de generar ingresos.

Educación.

Habilidades.

Proyectos.

Ideas de negocio.

Esta parte del dinero no se gasta simplemente.

Se invierte en la capacidad futura de generar valor.

La tercera dirección es **creación de riqueza.**

Este es el componente que muchas personas nunca desarrollan de forma consistente.

Se trata de dirigir una parte del dinero hacia activos.

Activos que pueden crecer.

Activos que pueden generar ingresos.

Activos que pueden multiplicar el valor con el tiempo.

Cuando esta estructura comienza a aplicarse de forma constante, algo interesante ocurre.

El dinero deja de ser simplemente una herramienta de supervivencia.

Comienza a convertirse en una herramienta de construcción.

Cada ingreso se convierte en una oportunidad para fortalecer la estabilidad, expandir capacidades y construir riqueza.

Este cambio puede parecer pequeño al principio.

Pero con el tiempo produce una diferencia enorme.

Porque cuando una persona dirige su dinero de forma estratégica durante años, el resultado no es solo estabilidad.

Es **poder financiero.**

No el poder de gastar más.

Sino el poder de elegir.

Elegir cómo usar el tiempo.

Elegir qué oportunidades seguir.

Elegir cómo construir el futuro.

Y todo comienza con algo tan simple como darle al dinero una estructura.

Sin embargo, incluso con una buena estructura financiera, todavía existe una pieza clave que determina el verdadero crecimiento económico de una persona.

Esa pieza es comprender **cómo se mueve el dinero a través de nuestras decisiones.**

Comprender cómo fluye.

Cómo se multiplica.

Y cómo puede dirigirse hacia oportunidades que generen crecimiento real.

Ese será el tema del próximo capítulo.

6

LA FÓRMULA DEL FLUJO DEL DINERO

Cuando la mayoría de las personas piensa en el dinero, lo imagina como algo estático.

Un número en una cuenta.

Un salario mensual.

Una cantidad que entra y se gasta.

Pero en realidad, el dinero no funciona de manera estática.

El dinero se comporta más como **un flujo**.

Se mueve constantemente.

Entra en tu vida a través de ciertas actividades.

Sale de tu vida a través de decisiones.

Y dependiendo de cómo se dirija ese movimiento, puede desaparecer rápidamente o comenzar a multiplicarse.

Comprender este flujo es uno de los puntos más importantes para transformar la relación con el dinero.

Porque cuando una persona entiende cómo se mueve el dinero, deja de verlo como algo impredecible.

Empieza a verlo como un sistema.

Un sistema que puede observarse, comprenderse y dirigirse.

Imagina por un momento que todo el dinero que pasa por tu vida es como un río.

Cada ingreso es agua que entra en ese río.

Cada gasto es agua que sale.

Si el agua simplemente entra y sale sin dirección, el río nunca crea algo más grande.

Pero si parte de ese flujo se dirige hacia canales que alimentan reservas, cultivos o sistemas productivos, el mismo flujo puede comenzar a generar crecimiento.

El dinero funciona exactamente igual.

Cada persona experimenta un flujo constante de dinero.

Algunas personas generan ingresos pequeños.

Otras generan ingresos grandes.

Pero el tamaño del ingreso no siempre determina el resultado final.

Lo que realmente determina el resultado es **cómo se dirige el flujo.**

Si todo el dinero que entra se dirige inmediatamente hacia consumo, el flujo se agota.

Pero si una parte de ese flujo se dirige hacia activos que pueden crecer con el tiempo, el dinero comienza a cambiar de comportamiento.

Deja de ser simplemente algo que pasa por tu vida.

Y comienza a convertirse en algo que **trabaja dentro de tu sistema financiero.**

Esta es una de las diferencias más importantes entre quienes viven en ciclos financieros repetitivos y quienes comienzan a construir riqueza.

Las primeras personas experimentan el dinero como algo que entra y sale constantemente.

Las segundas comienzan a construir **estructuras donde el dinero permanece, crece y produce más flujo.**

Cuando esto ocurre, algo interesante comienza a suceder.

El dinero empieza a generar dinero.

Los ingresos dejan de depender únicamente del tiempo o del esfuerzo directo.

Y aparece algo que muchas personas persiguen durante años sin comprender completamente cómo funciona:

el apalancamiento financiero.

El apalancamiento ocurre cuando el dinero, los activos o los sistemas comienzan a producir resultados más allá del esfuerzo directo que invertimos.

Un negocio que sigue generando ingresos incluso cuando no estás trabajando activamente.

Una inversión que crece con el tiempo.

Un activo que produce flujo constante.

Todo esto es resultado de dirigir correctamente el flujo del dinero.

Pero este proceso no comienza con grandes inversiones ni con estrategias complejas.

Comienza con una decisión simple.

La decisión de dejar de ver el dinero como algo que simplemente se gana y se gasta.

Y comenzar a verlo como algo que puede **dirigirse, multiplicarse y crecer dentro de un sistema financiero personal.**

Cuando una persona adopta esta perspectiva, su relación con el dinero cambia profundamente.

Cada ingreso deja de ser simplemente dinero disponible para gastar.

Se convierte en una oportunidad estratégica.

Una oportunidad para fortalecer estabilidad.

Para expandir capacidades.

Y para alimentar activos que generen crecimiento futuro.

Ese es el momento en el que el dinero comienza a comportarse de manera diferente.

Porque el dinero responde a la dirección.

Y cuando aprende a fluir hacia activos, oportunidades y sistemas productivos, algo importante comienza a ocurrir.

El dinero deja de ser simplemente un recurso.

Se convierte en una herramienta de construcción.

Ese cambio de perspectiva marca el cierre del segundo código.

Ahora la mente comprende el control del dinero.

Pero todavía existe una pieza fundamental para que el sistema comience a expandirse realmente.

Porque antes de construir activos, antes de crear sistemas financieros sólidos, existe una habilidad que cambia completamente el juego económico de una persona.

La habilidad de **generar ingresos de manera estratégica.**

Ese será el enfoque del siguiente código.

PARTE III

CÓDIGO 3 — LA GENERACIÓN DE INGRESOS

Existe una diferencia fundamental entre quienes viven financieramente limitados y quienes comienzan a construir riqueza real.

No es únicamente cuánto dinero ganan.

Es **cómo ven las oportunidades para generarlo.**

La mayoría de las personas crece creyendo que el dinero proviene principalmente de una sola fuente.

Un empleo.

Un salario.

Un ingreso mensual que llega como resultado directo de su tiempo y esfuerzo.

Durante décadas, este modelo ha sido presentado como el camino natural hacia la estabilidad económica.

Trabajar.

Recibir un salario.

Administrar ese salario con responsabilidad.

Y aunque este modelo puede proporcionar estabilidad básica, también tiene una limitación importante.

El ingreso queda directamente conectado al tiempo.

Si el tiempo se detiene, el ingreso también.

Las personas que comienzan a expandir su realidad financiera descubren algo diferente.

Descubren que el dinero puede generarse de muchas formas.

A través de habilidades.

A través de ideas.

A través de valor creado para otras personas.

En lugar de depender de una sola fuente de ingresos, comienzan a desarrollar una mentalidad diferente.

Empiezan a preguntarse:

¿Cómo puedo crear más valor?

¿Cómo puedo resolver problemas que otras personas están dispuestas a pagar por resolver?

¿Cómo puedo transformar mis habilidades, ideas o conocimientos en oportunidades económicas?

Cuando estas preguntas comienzan a formar parte de la manera de pensar de una persona, algo importante cambia.

El mundo económico deja de parecer limitado.

Comienza a parecer lleno de posibilidades.

Las oportunidades empiezan a aparecer en lugares donde antes no se veían.

Una habilidad puede convertirse en un servicio.

Un conocimiento puede convertirse en una enseñanza.

Una idea puede convertirse en un proyecto o negocio.

El dinero deja de verse como algo escaso que debe perseguirse.

Y comienza a verse como una consecuencia natural de **crear valor en el mundo**.

Este cambio de perspectiva transforma completamente la relación con los ingresos.

Porque cuando una persona aprende a generar valor, el dinero comienza a seguir ese valor.

No de forma mágica.

Sino como resultado de comprender cómo funcionan los intercambios económicos.

Las personas pagan por soluciones.

Pagan por comodidad.

Pagan por conocimiento.

Pagan por resultados.

Y cuando alguien desarrolla la capacidad de ofrecer esas soluciones de forma consistente, el dinero comienza a moverse hacia esa persona.

Este es el punto donde muchas personas comienzan a darse cuenta de algo poderoso.

Los ingresos no son solo algo que se recibe.

Son algo que **puede diseñarse**.

Puede expandirse.

Puede multiplicarse.

Pero para que esto ocurra, es necesario comprender cómo piensan las personas que generan ingresos de manera constante.

Porque quienes crean oportunidades económicas no ven el dinero de la misma forma que quienes simplemente esperan recibirlo.

En los próximos capítulos exploraremos tres ideas fundamentales que transforman la manera de generar ingresos.

Primero veremos cómo piensan las personas que crean dinero de forma estratégica.

Luego descubriremos una habilidad clave que tiene el poder de multiplicar el valor que una persona puede ofrecer al mundo.

Y finalmente analizaremos cómo construir un sistema que permita expandir ingresos de forma progresiva.

Este es el tercer código.

El momento en que el dinero deja de sentirse como algo limitado...

y comienza a verse como el resultado natural de comprender cómo crear valor, reconocer oportunidades y actuar con visión.

Y todo comienza con una pregunta fundamental.

¿Cómo piensan realmente las personas que generan dinero?

7

CÓMO PIENSAN QUIENES GENERAN DINERO

Existe una diferencia silenciosa pero poderosa entre quienes luchan constantemente por el dinero y quienes parecen encontrar oportunidades económicas en casi cualquier entorno.

Esa diferencia rara vez está en el lugar donde nacieron, en su educación formal o incluso en la cantidad de recursos con los que comenzaron.

La diferencia comienza en algo mucho más profundo.

La forma en que interpretan el mundo económico.

La mayoría de las personas crece viendo el dinero como algo que debe conseguirse.

Algo que depende de encontrar el empleo correcto, esperar una oportunidad externa o tener circunstancias favorables.

Desde esa perspectiva, el dinero parece algo escaso.

Algo que solo aparece en ciertas condiciones.

Algo que debe perseguirse.

Pero las personas que generan dinero de manera constante tienden a ver el mundo de forma diferente.

Ellas no se preguntan primero dónde está el dinero.

Se preguntan **dónde está el valor.**

Porque comprenden una verdad fundamental sobre el funcionamiento de cualquier economía.

El dinero siempre sigue al valor.

Cada vez que una persona paga por algo, lo hace porque percibe que lo que recibe tiene más valor que el dinero que entrega.

Paga por una solución.

Paga por comodidad.

Paga por conocimiento.

Paga por resultados.

En otras palabras, el dinero se mueve constantemente hacia quienes son capaces de crear valor para otros.

Cuando una persona comienza a comprender esta dinámica, su forma de observar el mundo cambia por completo.

Las oportunidades dejan de parecer eventos raros.

Comienzan a aparecer en lugares inesperados.

Un problema se convierte en una oportunidad de solución.

Una habilidad se convierte en una oportunidad de servicio.

Un conocimiento se convierte en una oportunidad de enseñanza.

La mente comienza a operar de manera diferente.

En lugar de pensar:

"¿Dónde puedo encontrar dinero?"

Empieza a pensar:

"¿Qué valor puedo crear?"

Este cambio de enfoque parece simple, pero tiene consecuencias enormes.

Porque cuando una persona se enfoca en crear valor, su relación con el dinero deja de depender únicamente de circunstancias externas.

Comienza a depender de su capacidad para observar, comprender y responder a las necesidades del mundo que la rodea.

Las personas que generan ingresos de manera constante desarrollan el hábito de hacer preguntas diferentes.

Preguntas como:

¿Qué problema necesita solución?

¿Qué habilidad puedo desarrollar que sea valiosa para otros?

¿Cómo puedo mejorar algo que ya existe?

¿Cómo puedo hacer algo más simple, más rápido o más efectivo?

Estas preguntas abren la puerta a nuevas posibilidades.

Porque cada vez que un problema encuentra una solución útil, aparece una oportunidad económica.

Esto explica por qué muchas de las ideas más exitosas en los negocios no surgieron necesariamente de inventar algo completamente nuevo.

Surgieron de mejorar algo existente.

Hacerlo más accesible.

Más eficiente.

Más conveniente.

La economía moderna está llena de ejemplos de este principio.

Empresas que simplificaron procesos.

Servicios que resolvieron inconvenientes.

Ideas que conectaron necesidades con soluciones de forma más eficiente.

Todas ellas nacieron de la misma pregunta fundamental:

¿Dónde puedo crear valor?

Cuando una persona comienza a entrenar su mente para pensar de esta manera, algo interesante ocurre.

El mundo económico deja de sentirse limitado.

Empieza a parecer un espacio lleno de problemas esperando soluciones.

Y cada problema potencialmente puede convertirse en una oportunidad.

Sin embargo, reconocer oportunidades es solo una parte del proceso.

Para que el valor realmente se transforme en ingresos, es necesario desarrollar algo más.

Una habilidad que multiplica el impacto de cualquier conocimiento, talento o idea.

Una habilidad que permite transformar ideas en resultados.

Esa habilidad es **la capacidad de comunicar y ofrecer valor de forma clara.**

Porque en cualquier economía, no basta con tener algo valioso.

También es necesario saber **presentarlo, compartirlo y conectarlo con quienes lo necesitan.**

Esa será la clave del próximo capítulo.

8

LA HABILIDAD QUE MULTIPLICA INGRESOS

Si observamos a las personas que generan grandes ingresos en diferentes industrias, notaremos algo interesante.

Sus profesiones pueden ser completamente distintas.

Algunos son emprendedores.

Otros son inversionistas.

Otros crean contenido, desarrollan productos o construyen empresas.

Pero cuando observamos más profundamente, encontramos una habilidad que aparece una y otra vez.

Una habilidad que conecta todas esas trayectorias.

Una habilidad que, cuando se desarrolla correctamente, tiene el poder de multiplicar ingresos en prácticamente cualquier área.

Esa habilidad es **la capacidad de comunicar valor**.

En cualquier economía, el dinero se mueve hacia quienes resuelven problemas y crean valor para otros.

Pero existe un paso intermedio que muchas personas pasan por alto.

No basta con tener algo valioso.

También es necesario **saber presentarlo, compartirlo y conectarlo con las personas que lo necesitan.**

De lo contrario, incluso una idea brillante puede permanecer invisible.

Imagina por un momento a dos personas que poseen exactamente la misma habilidad.

Ambas saben hacer algo útil.

Ambas pueden resolver un problema real.

Sin embargo, una de ellas sabe explicar claramente cómo su habilidad puede ayudar a otros, mientras que la otra tiene dificultad para comunicarlo.

Con el tiempo, sus resultados financieros probablemente serán muy diferentes.

La primera persona atraerá oportunidades.

La segunda podría permanecer en el anonimato, a pesar de tener el mismo talento.

Esto ocurre porque el mundo económico funciona a través de **intercambios de valor**.

Las personas pagan cuando entienden claramente el beneficio que recibirán.

Pagan cuando perciben que algo puede mejorar su vida, resolver un problema o facilitar un resultado.

Por esa razón, la capacidad de comunicar valor se convierte en un multiplicador económico.

Permite que habilidades, ideas y conocimientos se transformen en oportunidades reales.

Pero comunicar valor no significa simplemente hablar.

Significa algo más profundo.

Significa comprender lo que otras personas necesitan.

Comprender qué problemas enfrentan.

Comprender qué resultados desean.

Cuando una persona entiende esto, su forma de comunicar cambia completamente.

Ya no habla solo de lo que sabe hacer.

Habla de **los resultados que puede ayudar a crear**.

Esta diferencia puede parecer sutil, pero tiene un impacto enorme.

Porque las personas rara vez compran habilidades.

Compran **resultados.**

Compran soluciones.

Compran transformaciones.

Un entrenador no vende ejercicios.

Vende salud, energía y transformación física.

Un consultor no vende análisis.

Vende claridad y estrategia.

Un emprendedor no vende productos.

Vende soluciones que facilitan la vida de otras personas.

Cuando una persona aprende a pensar en términos de valor y resultados, su capacidad para generar ingresos comienza a expandirse.

Empieza a ver cómo sus conocimientos pueden convertirse en servicios.

Cómo sus habilidades pueden convertirse en oportunidades.

Cómo sus ideas pueden convertirse en proyectos.

Este proceso no requiere necesariamente comenzar con grandes recursos.

Muchas de las oportunidades económicas más interesantes comienzan con algo mucho más simple.

Una habilidad desarrollada con dedicación.

Un conocimiento que puede compartirse.

Una solución que puede ofrecerse.

A medida que una persona desarrolla esta habilidad, algo cambia en su forma de interactuar con el mundo.

Deja de esperar oportunidades.

Empieza a crearlas.

Empieza a reconocer problemas que puede resolver.

Empieza a ver cómo su experiencia puede ayudar a otros.

Y a medida que esas conexiones comienzan a ocurrir, el dinero empieza a aparecer como consecuencia natural.

No como algo perseguido desesperadamente.

Sino como el resultado de comprender cómo funcionan los intercambios de valor.

Sin embargo, incluso cuando una persona desarrolla la capacidad de generar ingresos, todavía existe un desafío importante.

Si los ingresos dependen exclusivamente del tiempo y esfuerzo directo, el crecimiento siempre tendrá un límite.

Por esa razón, las personas que realmente expanden su realidad financiera comienzan a construir algo más.

Comienzan a diseñar **sistemas que les permiten expandir ingresos de manera progresiva.**

Sistemas donde el valor creado puede alcanzar a más personas.

Sistemas donde las oportunidades pueden multiplicarse.

Ese será el enfoque del próximo capítulo.

9

EL SISTEMA DE EXPANSIÓN FINANCIERA

En algún momento del camino financiero, muchas personas descubren algo importante.

Generar ingresos es posible.

Con esfuerzo, habilidades y oportunidades, es posible aumentar la cantidad de dinero que entra en la vida de una persona.

Pero después de cierto punto aparece una nueva pregunta.

Una pregunta que marca la diferencia entre quienes simplemente mejoran su situación económica... y quienes comienzan a construir riqueza real.

La pregunta es esta:

¿Cómo puedo hacer que mis ingresos crezcan más allá de mi tiempo y esfuerzo directo?

Mientras los ingresos dependen exclusivamente de las horas que una persona puede trabajar, el crecimiento siempre tendrá un límite.

El día tiene veinticuatro horas.

La energía es finita.

El tiempo es limitado.

Por esa razón, incluso las personas altamente productivas pueden encontrar un punto donde su capacidad de generar ingresos comienza a estabilizarse.

Las personas que continúan expandiendo su realidad financiera descubren una solución diferente.

Comienzan a construir **sistemas.**

Un sistema financiero es una estructura que permite que el valor creado por una persona alcance a más personas, genere más resultados y produzca ingresos de manera más amplia.

En lugar de depender únicamente de esfuerzo directo, el sistema comienza a multiplicar el impacto.

Un emprendedor que crea un negocio está construyendo un sistema.

Un autor que escribe un libro está creando un sistema que puede llegar a miles de lectores.

Un inversionista que coloca su dinero en activos productivos está utilizando un sistema que genera resultados con el tiempo.

En todos estos casos ocurre el mismo principio.

El valor ya no depende únicamente de la presencia directa de la persona.

El valor comienza a expandirse a través de estructuras que continúan funcionando.

Este cambio de perspectiva es uno de los momentos más importantes en la evolución financiera de una persona.

Porque cuando alguien comienza a pensar en términos de sistemas, su relación con el trabajo cambia.

El objetivo deja de ser simplemente trabajar más.

El objetivo se convierte en **crear algo que continúe produciendo valor con el tiempo.**

Esto no significa eliminar completamente el esfuerzo.

Significa dirigir el esfuerzo hacia la construcción de algo que tenga impacto más allá del momento presente.

Muchas de las personas que han construido grandes niveles de riqueza han dedicado años a construir sistemas.

Empresas.

Inversiones.

Proyectos.

Ideas que pueden crecer y expandirse con el tiempo.

Y una vez que esos sistemas comienzan a funcionar, los resultados financieros dejan de depender exclusivamente del esfuerzo inmediato.

Empiezan a generarse a partir del valor acumulado.

Este es el punto donde muchas personas comienzan a experimentar algo nuevo.

El dinero deja de sentirse como algo que siempre debe perseguirse.

Comienza a comportarse como algo que fluye hacia estructuras que generan valor.

Pero aquí aparece una distinción fundamental.

No todos los sistemas financieros producen riqueza real.

Algunos simplemente generan ingresos.

Otros generan algo mucho más poderoso.

Activos.

Un activo es cualquier cosa que tiene la capacidad de generar valor o ingresos con el tiempo.

Puede ser un negocio.

Puede ser una inversión.

Puede ser una propiedad.

Puede ser incluso una idea que continúe generando resultados.

Las personas que construyen riqueza comienzan a dirigir cada vez más energía hacia la creación y adquisición de activos.

Porque comprenden algo fundamental.

Los ingresos pueden mejorar la vida.

Pero los activos **construyen libertad.**

Cuando los activos comienzan a generar flujo constante de valor, algo extraordinario ocurre.

El dinero comienza a trabajar.

No solo la persona.

Este es el punto donde la transformación financiera comienza a acelerarse.

Pero para que este proceso ocurra de forma sólida, es necesario comprender algo aún más importante.

Cómo construir riqueza de manera estructurada a largo plazo.

Ese es el enfoque del siguiente código.

El código donde el dinero deja de ser simplemente ingresos...

y comienza a convertirse en **activos que construyen riqueza real.**

Bienvenido al siguiente paso del sistema.

PARTE IV

CÓDIGO 4 — LA CREACIÓN DE ACTIVOS

Existe una diferencia fundamental entre mejorar la vida financiera...

y construir riqueza real.

Muchas personas logran mejorar su situación económica a lo largo del tiempo.

Consiguen mejores empleos.

Aumentan sus ingresos.

Desarrollan habilidades que les permiten ganar más dinero.

Sin embargo, incluso con ingresos elevados, muchas de esas personas continúan dependiendo completamente de su capacidad de trabajar.

Si dejan de trabajar, el ingreso se detiene.

Y cuando el ingreso se detiene, la estabilidad financiera puede comenzar a debilitarse.

Por esa razón, aunque la generación de ingresos es una habilidad poderosa, por sí sola no es suficiente para construir riqueza duradera.

La riqueza real comienza a construirse cuando una persona empieza a crear algo diferente.

Activos.

Un activo es cualquier cosa que tiene la capacidad de generar valor, ingresos o crecimiento con el tiempo.

A diferencia del trabajo directo, un activo puede continuar produciendo resultados incluso cuando la persona no está dedicando su tiempo constantemente.

Un negocio que genera ingresos.

Una inversión que crece.

Una propiedad que produce renta.

Un sistema que continúa creando valor.

Todos estos son ejemplos de activos.

Las personas que comprenden este principio comienzan a ver el dinero de una forma completamente diferente.

El dinero deja de ser únicamente algo que se gana y se gasta.

Se convierte en una herramienta para **construir activos que generen más valor con el tiempo**.

Esta es una de las razones por las que muchas personas con altos ingresos nunca llegan a construir riqueza real.

Generan dinero.

Pero no construyen suficientes activos.

Sus ingresos sostienen su estilo de vida, pero no crean una estructura financiera que continúe creciendo.

Las personas que construyen riqueza comienzan a hacer algo distinto.

Cada vez que generan ingresos, una parte de ese dinero se dirige hacia la creación o adquisición de activos.

Con el tiempo, esos activos comienzan a producir nuevos ingresos.

Y esos nuevos ingresos pueden dirigirse nuevamente hacia más activos.

Este proceso crea un efecto poderoso.

El dinero comienza a multiplicarse.

No de manera instantánea.

Pero sí de manera progresiva y constante.

Con los años, este proceso puede transformar completamente la realidad financiera de una persona.

Porque llega un momento en el que los activos comienzan a generar suficiente valor como para sostener el estilo de vida de la persona.

Cuando eso ocurre, aparece algo que muchas personas persiguen durante toda su vida sin comprender completamente cómo se construye.

La libertad financiera.

La libertad financiera no significa necesariamente dejar de trabajar.

Significa tener la capacidad de elegir.

Elegir cómo utilizar el tiempo.

Elegir qué proyectos desarrollar.

Elegir qué oportunidades seguir.

Cuando una persona alcanza este punto, el dinero deja de ser una fuente constante de preocupación.

Se convierte en una herramienta que permite diseñar la vida con mayor intención.

Pero para llegar allí, es necesario comprender una distinción clave.

La diferencia entre **ingresos y activos.**

Esa distinción es una de las ideas más importantes para cualquier persona que desea construir riqueza real.

Y será el enfoque del próximo capítulo.

10

INGRESOS VS ACTIVOS: LA DIFERENCIA QUE CAMBIA TODO

Durante la mayor parte de la vida de una persona, el dinero suele entenderse de una forma muy simple.

Se gana dinero.

Se pagan gastos.

Se intenta ahorrar algo para el futuro.

Este modelo parece lógico porque es el que la mayoría de las personas ha visto desde la infancia.

Sin embargo, cuando comenzamos a observar cómo se construye realmente la riqueza, aparece una distinción fundamental que transforma completamente la forma de entender el dinero.

La diferencia entre **ingresos y activos**.

A primera vista, estos dos conceptos pueden parecer similares.

Ambos están relacionados con el dinero.

Ambos forman parte de la vida financiera.

Pero en realidad representan cosas completamente distintas.

Los **ingresos** son el dinero que entra en tu vida como

resultado directo de tu trabajo, tus servicios o tus actividades.

Un salario es ingreso.

Un pago por un servicio es ingreso.

Las ganancias de un proyecto son ingresos.

Los ingresos son importantes porque permiten cubrir necesidades, sostener la vida cotidiana y crear oportunidades para el futuro.

Pero los ingresos tienen una característica importante.

Generalmente dependen del tiempo, la energía o la actividad directa de una persona.

Si la actividad se detiene, el ingreso también puede detenerse.

Los **activos**, en cambio, funcionan de una manera diferente.

Un activo es algo que tiene la capacidad de **generar valor o ingresos con el tiempo**, incluso cuando no estás trabajando directamente en ese momento.

Una propiedad que produce renta es un activo.

Una inversión que crece con el tiempo es un activo.

Un negocio que genera ingresos incluso cuando no estás presente todos los días es un activo.

Un libro que continúa vendiéndose durante años es un activo.

La diferencia clave es que los activos continúan produciendo valor después de que el esfuerzo inicial ha sido realizado.

Mientras los ingresos dependen del esfuerzo continuo, los activos tienen la capacidad de **generar resultados de manera progresiva**.

Esta distinción puede parecer simple.

Pero tiene implicaciones enormes.

Porque cuando una persona dirige todo su enfoque

únicamente hacia los ingresos, su vida financiera queda conectada directamente con su capacidad de trabajar.

Siempre necesitará generar nuevos ingresos para sostener su estilo de vida.

Las personas que comienzan a construir riqueza adoptan una estrategia diferente.

Comprenden que los ingresos son importantes.

Pero ven los ingresos como **una herramienta para construir activos.**

En otras palabras, utilizan los ingresos como materia prima para crear algo más grande.

Cada ingreso se convierte en una oportunidad para fortalecer su estructura financiera.

Una parte del dinero se utiliza para vivir.

Otra parte se dirige hacia la construcción de activos.

Con el tiempo, esos activos comienzan a generar nuevos ingresos.

Y esos nuevos ingresos pueden utilizarse nuevamente para adquirir más activos.

Este proceso crea algo extremadamente poderoso.

Un ciclo de crecimiento.

Al principio, el progreso puede parecer lento.

Los primeros activos pueden generar ingresos pequeños.

Pero a medida que el proceso continúa, el sistema comienza a expandirse.

Más activos generan más ingresos.

Más ingresos permiten crear más activos.

Y con el paso del tiempo, el crecimiento comienza a acelerarse.

Este es el principio que ha permitido a muchas personas construir riqueza a lo largo de los años.

No porque ganaran cantidades extraordinarias de dinero desde el principio.

Sino porque entendieron cómo transformar ingresos en activos.

Y una vez que ese proceso comienza, el dinero deja de ser simplemente algo que se gana.

Comienza a convertirse en algo que **se construye.**

Es importante entender que construir activos no significa necesariamente comenzar con grandes inversiones.

Muchos activos comienzan de forma modesta.

Una idea que se convierte en un proyecto.

Un conocimiento que se transforma en un producto.

Un ingreso que se dirige hacia una inversión.

Lo que realmente importa no es el tamaño inicial del activo.

Es la **dirección del sistema financiero.**

Si el dinero se dirige constantemente hacia consumo, desaparece.

Si el dinero se dirige progresivamente hacia activos, comienza a construir algo más grande.

Este cambio de dirección transforma completamente la vida financiera de una persona.

Porque cuando los activos comienzan a crecer, algo interesante ocurre.

El dinero empieza a trabajar.

Y cuando el dinero comienza a trabajar, la persona deja de depender exclusivamente de su propio esfuerzo.

Ese es el momento en que el sistema financiero personal comienza a adquirir verdadera fuerza.

Pero todavía existe una pregunta importante.

¿Cómo se construye riqueza de manera consistente con el paso del tiempo?

¿Cómo se transforma una colección de activos en un sistema sólido que continúe creciendo?

Esa será la clave del próximo capítulo.

11

CÓMO CONSTRUIR RIQUEZA QUE CRECE SOLA

Cuando muchas personas imaginan la riqueza, tienden a visualizar grandes eventos.

Un gran negocio.

Una inversión extraordinaria.

Un golpe de suerte que transforma la vida financiera de alguien de manera repentina.

Pero cuando observamos cómo se ha construido la riqueza de la mayoría de las personas financieramente exitosas, encontramos una historia muy diferente.

La riqueza rara vez aparece de forma instantánea.

La riqueza se construye.

Se construye a través de decisiones repetidas, estructuras inteligentes y tiempo.

En realidad, el proceso de construir riqueza se parece mucho más a **plantar un árbol** que a ganar una carrera.

Cuando una persona planta una semilla, al principio casi nada parece suceder.

Durante días, semanas o incluso meses, el crecimiento puede ser invisible.

Pero bajo la superficie, algo importante está ocurriendo.

Las raíces se están formando.

La base se está fortaleciendo.

Y cuando el árbol finalmente comienza a crecer, lo hace con una estabilidad que le permite continuar expandiéndose con el tiempo.

La riqueza funciona de una manera muy similar.

Los primeros activos que una persona construye pueden parecer pequeños.

Una inversión modesta.

Un proyecto que comienza a generar ingresos.

Una idea que empieza a tomar forma.

Al principio, los resultados pueden parecer modestos.

Pero lo que realmente importa no es el tamaño inicial.

Es el **proceso acumulativo** que comienza a desarrollarse.

Cuando los activos generan valor y ese valor se reinvierte en nuevos activos, el sistema comienza a crecer.

Cada activo fortalece la estructura.

Cada ingreso adicional crea nuevas oportunidades.

Y con el paso del tiempo, el crecimiento comienza a acelerarse.

Este fenómeno se conoce como **crecimiento compuesto.**

El crecimiento compuesto ocurre cuando los resultados de hoy se convierten en la base para resultados aún mayores mañana.

Un activo genera ingresos.

Esos ingresos permiten crear otro activo.

Ese nuevo activo produce más valor.

Y ese valor continúa alimentando el sistema.

Al principio, el progreso puede parecer lento.

Pero con el tiempo, el sistema comienza a adquirir una fuerza sorprendente.

Lo que antes parecía pequeño comienza a expandirse.

Las oportunidades comienzan a multiplicarse.

Y el sistema financiero personal empieza a generar resultados que antes parecían lejanos.

Este es uno de los principios más poderosos en la construcción de riqueza.

No se trata únicamente de cuánto dinero ganas en un momento específico.

Se trata de **cómo utilizas ese dinero para construir algo que continúe creciendo con el tiempo.**

Las personas que comprenden este principio comienzan a pensar de manera diferente sobre el dinero.

Cada ingreso deja de ser simplemente un recurso para gastar.

Se convierte en una oportunidad para fortalecer el sistema.

Cada activo deja de verse como un resultado aislado.

Se convierte en una pieza dentro de una estructura más grande.

Con el tiempo, esta estructura comienza a producir algo extraordinario.

Estabilidad.

No la estabilidad frágil que depende de ingresos constantes.

Sino una estabilidad construida sobre activos que continúan generando valor.

Esta es la base de la verdadera riqueza.

No se trata simplemente de tener dinero.

Se trata de tener **un sistema que continúe produciendo valor incluso cuando no estás trabajando activamente en él.**

Cuando una persona comienza a construir este tipo de sistema, su relación con el dinero cambia profundamente.

El dinero deja de sentirse como algo que debe perseguirse constantemente.

Comienza a comportarse como algo que fluye hacia estructuras que producen crecimiento.

Pero para que este proceso funcione correctamente, es necesario aplicar una estrategia fundamental.

Una estrategia que permite que cada activo, cada ingreso y cada decisión financiera se conecten dentro de un mismo sistema.

Una estrategia que permite transformar esfuerzos aislados en **una estructura financiera coherente y poderosa.**

Esa estrategia es lo que exploraremos en el próximo capítulo.

12

EL SISTEMA DE ACUMULACIÓN ESTRATÉGICA

Existe una idea equivocada muy común sobre la riqueza.

Muchas personas creen que construir riqueza depende de tomar una sola decisión extraordinaria.

Encontrar la inversión perfecta.

Crear el negocio ideal.

Descubrir la oportunidad que cambia todo de manera inmediata.

Pero cuando observamos cómo se construye realmente la riqueza en el mundo real, aparece una realidad mucho más interesante.

La riqueza rara vez es el resultado de una sola decisión.

La riqueza es el resultado de **muchas decisiones correctas acumuladas con el tiempo.**

Decisiones que, por sí solas, pueden parecer pequeñas.

Pero cuando se repiten de forma estratégica durante años, crean resultados extraordinarios.

Este proceso puede entenderse como **acumulación estratégica.**

La acumulación estratégica ocurre cuando una persona

dirige consistentemente sus recursos —tiempo, dinero, conocimiento y oportunidades— hacia la construcción de activos y sistemas que generan valor.

En lugar de buscar resultados inmediatos, la persona comienza a pensar en términos de **crecimiento acumulativo.**

Cada decisión financiera se convierte en una pieza dentro de una estructura mayor.

Cada activo fortalece el sistema.

Cada ingreso adicional crea nuevas posibilidades.

Con el tiempo, esta acumulación produce algo poderoso.

Un sistema financiero que se vuelve cada vez más sólido.

Imagina por un momento que cada decisión financiera que tomas es como colocar un ladrillo.

Un solo ladrillo parece insignificante.

Pero cuando se colocan cientos o miles de ladrillos con intención y consistencia, comienzan a formar una estructura.

Un edificio.

Una base sólida.

La riqueza funciona de una manera muy similar.

Cada activo que construyes es un ladrillo.

Cada inversión que realizas es un ladrillo.

Cada decisión financiera inteligente es un ladrillo.

Con el tiempo, esos ladrillos comienzan a formar una estructura financiera capaz de sostener crecimiento real.

La mayoría de las personas, sin embargo, opera bajo un modelo diferente.

Sus decisiones financieras son reactivas.

Responden a circunstancias inmediatas.

Responden a necesidades del momento.

Responden a impulsos de consumo.

El resultado es que el dinero entra y sale constantemente sin contribuir a una estructura financiera mayor.

La acumulación estratégica cambia completamente esa dinámica.

Cuando una persona adopta esta mentalidad, cada decisión financiera se evalúa de una manera distinta.

La pregunta deja de ser únicamente:

"¿Puedo pagar esto?"

Y comienza a convertirse en:

"¿Esto fortalece o debilita mi sistema financiero?"

Este cambio de perspectiva transforma completamente la forma de utilizar el dinero.

Las decisiones se vuelven más conscientes.

Las oportunidades se analizan con mayor claridad.

Y el dinero comienza a dirigirse cada vez más hacia estructuras que generan crecimiento.

Con el paso del tiempo, este enfoque produce una transformación profunda.

El sistema financiero personal comienza a expandirse.

Los activos comienzan a producir valor.

Las oportunidades comienzan a multiplicarse.

Y algo interesante empieza a ocurrir.

El progreso financiero deja de sentirse como una lucha constante.

Comienza a sentirse como un proceso natural de crecimiento.

Pero incluso con un sistema sólido de acumulación estratégica, todavía existe una pieza final que determina si una persona realmente aplicará estos principios en su vida.

Porque comprender la riqueza es importante.

Pero **aplicarla de manera consistente** es lo que crea resultados reales.

Por esa razón, el siguiente código se enfoca en algo fundamental.

Un sistema práctico.

Un sistema diseñado para transformar conocimiento en acción.

Un sistema que puede comenzar a cambiar la realidad financiera de una persona en cuestión de meses.

Ese es el propósito del último código.

El sistema que conecta mentalidad, control, ingresos y activos en un proceso claro de ejecución.

Bienvenido al paso final.

PARTE V

CÓDIGO 5 — EL SISTEMA DE 90 DÍAS

A lo largo de este libro hemos explorado una serie de ideas que transforman la manera de entender el dinero.

Hemos visto cómo la mentalidad influye en la forma en que percibimos las oportunidades.

Cómo el control financiero permite dirigir el dinero con intención.

Cómo la generación de ingresos surge de crear valor para otras personas.

Y cómo los activos permiten construir riqueza que crece con el tiempo.

Pero existe una diferencia fundamental entre **entender un sistema** y **aplicarlo.**

Muchas personas descubren ideas poderosas sobre el dinero.

Leen libros.

Escuchan conferencias.

Aprenden conceptos interesantes.

Sin embargo, con el paso del tiempo, sus resultados financieros permanecen exactamente iguales.

No porque las ideas sean incorrectas.

Sino porque el conocimiento, por sí solo, no crea resultados.

Los resultados aparecen cuando el conocimiento se convierte en **acción consistente.**

Por esa razón, el último código de este libro se enfoca en algo extremadamente importante.

La ejecución.

No se trata de esperar el momento perfecto.

No se trata de tener todos los recursos desde el principio.

Se trata de comenzar a aplicar los principios aprendidos de manera estructurada.

Una de las formas más poderosas de hacerlo es a través de periodos definidos de acción.

Periodos donde una persona dirige su enfoque hacia objetivos financieros claros.

Uno de los marcos más efectivos para iniciar esta transformación es un periodo de **noventa días.**

Noventa días son suficientes para crear cambios reales.

Suficientes para desarrollar nuevos hábitos financieros.

Suficientes para comenzar a generar oportunidades.

Y lo suficientemente cortos como para mantener un enfoque intenso.

Durante noventa días, una persona puede comenzar a reorganizar su relación con el dinero.

Puede tomar control de sus finanzas.

Puede comenzar a expandir su capacidad de generar ingresos.

Y puede dar los primeros pasos hacia la construcción de activos.

Este periodo no representa el final del camino.

Representa **el inicio del sistema.**

Un sistema que puede repetirse, mejorarse y expandirse con el tiempo.

Porque la riqueza no aparece como resultado de una acción aislada.

Aparece cuando una persona decide aplicar principios correctos de manera constante.

Los próximos capítulos están diseñados para ayudarte a convertir lo aprendido en acciones concretas.

Acciones que pueden comenzar a transformar tu realidad financiera.

Acciones que pueden ayudarte a construir claridad, impulso y dirección.

Porque comprender el código de la riqueza es el primer paso.

Pero **activarlo en tu vida es lo que realmente cambia el juego.**

Y todo comienza con una decisión simple.

La decisión de comenzar.

Los próximos noventa días pueden convertirse en el punto donde tu relación con el dinero comienza a transformarse.

Y el primer paso comienza ahora.

En el siguiente capítulo exploraremos **los primeros treinta días del sistema.**

El momento donde se construye la base que sostendrá todo lo demás.

13

LOS PRIMEROS 30 DÍAS: CONTROL TOTAL

Toda transformación financiera comienza con un momento específico.

Un momento en el que una persona deja de reaccionar al dinero...

y comienza a dirigirlo.

Durante años, muchas personas viven con una sensación constante de incertidumbre financiera.

Saben que el dinero entra y sale de sus vidas, pero rara vez tienen una imagen clara de cómo se mueve realmente.

Los gastos aparecen.

Las responsabilidades aumentan.

Y aunque el dinero circula constantemente, el sistema financiero personal permanece difuso.

Por esa razón, el primer paso del sistema de noventa días tiene un objetivo claro:

crear control total sobre el dinero.

No control basado en restricción o miedo.

Sino control basado en claridad.

Porque cuando una persona ve con claridad cómo se mueve su dinero, algo poderoso ocurre.

Las decisiones comienzan a cambiar.

Las prioridades se vuelven visibles.

Y el dinero deja de comportarse como algo impredecible.

Durante los primeros treinta días, el objetivo principal no es generar grandes ingresos ni construir activos complejos.

El objetivo es algo más fundamental.

Crear conciencia financiera.

El primer paso es observar el flujo del dinero.

Cuánto dinero entra.

De dónde proviene.

Y hacia dónde se dirige.

Muchas personas nunca han realizado este ejercicio con verdadera atención.

Pero cuando lo hacen, descubren algo revelador.

Descubren patrones.

Patrones de gasto.

Patrones de decisiones.

Patrones que han influido en su realidad financiera durante años.

Este momento de observación no tiene como propósito generar culpa o juicio.

Tiene como propósito generar **claridad**.

Porque solo cuando algo se vuelve visible puede comenzar a transformarse.

El segundo paso consiste en organizar el dinero de acuerdo con la estructura que exploramos anteriormente.

Cada ingreso comienza a dirigirse hacia tres áreas fundamentales:

Estabilidad.

Expansión.

Creación de riqueza.

La estabilidad asegura que las necesidades esenciales estén cubiertas.

La expansión dirige recursos hacia el desarrollo de habilidades, oportunidades o proyectos que puedan generar más ingresos.

Y la creación de riqueza comienza a construir activos que producirán valor con el tiempo.

Durante estos primeros treinta días, muchas personas experimentan algo que no habían sentido antes.

Sensación de dirección financiera.

El dinero deja de parecer algo que simplemente pasa por sus vidas.

Comienza a sentirse como una herramienta que puede dirigirse.

El tercer paso consiste en eliminar o reducir decisiones financieras que debilitan el sistema.

No se trata de eliminar todo disfrute o comodidad.

Se trata de identificar gastos que no contribuyen al crecimiento ni al bienestar real.

Pequeñas decisiones que, acumuladas con el tiempo, pueden debilitar el sistema financiero.

A medida que estos ajustes comienzan a ocurrir, el sistema comienza a fortalecerse.

El dinero empieza a dirigirse con mayor intención.

Las prioridades se vuelven más claras.

Y la mente comienza a experimentar algo importante.

Confianza financiera.

Confianza no porque todo esté resuelto.

Sino porque existe un sistema.

Un sistema que permite tomar decisiones con claridad.

Al final de los primeros treinta días, algo fundamental habrá cambiado.

El dinero dejará de sentirse como una fuerza caótica.

Se convertirá en un flujo que puede observarse, comprenderse y dirigirse.

Y cuando ese control comienza a establecerse, aparece el siguiente paso natural.

La expansión.

Porque una vez que el dinero está bajo control, la siguiente pregunta surge inevitablemente:

¿Cómo puedo generar más?

Ese será el enfoque del siguiente capítulo.

El segundo periodo del sistema.

Los días 30 a 60.

14

DÍAS 30–60: EXPANSIÓN DE INGRESOS

Una vez que una persona ha creado claridad y control sobre su dinero, algo interesante comienza a ocurrir.

La mente se libera.

La ansiedad financiera comienza a disminuir.

Las decisiones se vuelven más conscientes.

Y cuando esta claridad aparece, surge naturalmente una nueva pregunta.

¿Cómo puedo generar más valor... y como consecuencia más ingresos?

Durante los primeros treinta días del sistema, el objetivo fue construir control.

Ahora, durante el segundo periodo de treinta días, el objetivo cambia.

El enfoque se dirige hacia **la expansión de ingresos.**

Muchas personas pasan años creyendo que sus ingresos están definidos por circunstancias externas.

Por su empleo.

Por su industria.

Por su situación actual.

Pero cuando una persona comienza a pensar en términos de valor, descubre algo importante.

Los ingresos rara vez están limitados únicamente por el lugar donde una persona trabaja.

Están mucho más conectados con **la capacidad de crear valor para otros.**

Cuando alguien aprende a resolver problemas, facilitar resultados o mejorar la vida de otras personas, el dinero comienza a moverse hacia ese valor.

Por esa razón, el segundo periodo del sistema se enfoca en desarrollar tres áreas fundamentales.

La primera es **expansión de habilidades.**

Cada habilidad que una persona desarrolla puede convertirse en una oportunidad económica.

Una habilidad técnica.

Una habilidad creativa.

Una habilidad de comunicación o liderazgo.

El mundo moderno ofrece oportunidades extraordinarias para quienes desarrollan habilidades útiles.

Conocimiento que puede compartirse.

Servicios que pueden ofrecerse.

Soluciones que pueden crearse.

Durante estos treinta días, el objetivo es identificar y fortalecer habilidades que puedan generar valor en el mercado.

La segunda área es **identificación de oportunidades.**

Una vez que la mente comienza a pensar en términos de valor, el mundo económico comienza a verse de forma diferente.

Problemas se convierten en oportunidades.

Necesidades se convierten en mercados.

Ideas se convierten en proyectos.

En lugar de esperar oportunidades, la persona comienza a buscarlas activamente.

Se pregunta:

¿Qué problema puedo ayudar a resolver?

¿Qué conocimiento puedo compartir?

¿Qué servicio puedo ofrecer que mejore la vida de otras personas?

Estas preguntas activan algo poderoso.

La mente comienza a funcionar como un detector de oportunidades.

La tercera área es **acción estratégica.**

Las ideas por sí solas no generan ingresos.

Los ingresos aparecen cuando las ideas se convierten en acciones.

Durante este periodo, el objetivo es comenzar a aplicar habilidades y conocimientos en el mundo real.

Pequeños proyectos.

Servicios iniciales.

Ideas que comienzan a tomar forma.

No es necesario que todo sea perfecto desde el principio.

De hecho, muchas de las oportunidades más exitosas comienzan de manera simple.

Lo importante es comenzar.

Porque cada acción genera aprendizaje.

Cada intento genera experiencia.

Y cada experiencia acerca a la persona a oportunidades más grandes.

A medida que este proceso avanza, algo comienza a cambiar.

La relación con el dinero deja de sentirse limitada.

La persona empieza a darse cuenta de que puede crear valor.

Y cuando el valor comienza a crecer, los ingresos también comienzan a expandirse.

Al final de este segundo periodo de treinta días, el lector habrá experimentado algo fundamental.

Habrá comprendido que el dinero no es solo algo que se recibe.

Es algo que **puede crearse.**

Pero todavía queda el paso más importante de todo el sistema.

Porque generar ingresos es poderoso.

Sin embargo, para construir verdadera riqueza, esos ingresos deben transformarse en algo más.

Activos.

El último periodo del sistema —los días 60 a 90— se enfoca precisamente en ese paso.

El momento donde el dinero deja de ser únicamente ingreso...

y comienza a convertirse en **riqueza real.**

Ese será el enfoque del próximo capítulo.

15

DÍAS 60–90: CONSTRUCCIÓN DE ACTIVOS

Después de sesenta días de enfoque y acción, algo importante comienza a cambiar.

La relación con el dinero ya no es la misma.

La mente comprende cómo funciona.

El dinero comienza a dirigirse con intención.

Los ingresos empiezan a expandirse.

Pero todavía falta el paso más importante para construir riqueza real.

Transformar ingresos en **activos.**

Este es el punto donde muchas personas se detienen sin darse cuenta.

Aprenden a ganar más dinero.

Aprenden a organizar sus finanzas.

Pero nunca completan el paso final que permite que el sistema financiero crezca por sí mismo.

Ese paso es **construir activos de manera consistente**.

Un activo es cualquier cosa que tiene la capacidad de generar valor o ingresos con el tiempo.

Un activo puede tomar muchas formas.

Un negocio que genera ingresos.

Una inversión que crece con el tiempo.

Una propiedad que produce renta.

Un producto que continúa vendiéndose.

Un sistema que crea valor para otras personas.

La característica fundamental de un activo es simple.

Puede producir resultados incluso cuando no estás trabajando directamente en ese momento.

Por esa razón, durante los últimos treinta días del sistema el objetivo principal cambia nuevamente.

El enfoque ya no está únicamente en ganar dinero.

El enfoque está en **construir algo que continúe produciendo valor**.

Durante este periodo, cada ingreso comienza a dirigirse con mayor intención hacia la creación o adquisición de activos.

Puede ser una inversión inicial.

Puede ser el desarrollo de un proyecto que genere ingresos.

Puede ser el comienzo de una estructura financiera que continúe creciendo con el tiempo.

Al principio, los activos pueden parecer pequeños.

Pero su importancia no está en el tamaño inicial.

Está en el **proceso que comienzan a activar**.

Cada activo representa una semilla.

Una semilla que, con el tiempo, puede crecer y producir nuevos resultados.

Cuando una persona comienza a construir activos de manera consistente, algo extraordinario ocurre.

El sistema financiero personal comienza a cambiar de naturaleza.

El dinero deja de depender exclusivamente del esfuerzo directo.

Comienza a depender de estructuras que generan valor.

A medida que más activos se agregan al sistema, el crecimiento comienza a acelerarse.

Un activo genera ingresos.

Esos ingresos pueden dirigirse hacia nuevos activos.

Y esos nuevos activos generan aún más valor.

Este proceso crea un efecto poderoso.

Un sistema que crece progresivamente con el tiempo.

Este es el principio que ha permitido a muchas personas construir riqueza a lo largo de los años.

No necesariamente porque ganaron cantidades extraordinarias de dinero desde el principio.

Sino porque aprendieron a dirigir el dinero hacia activos de manera consistente.

Al final de estos noventa días, algo fundamental habrá cambiado.

La relación con el dinero ya no será la misma.

El dinero dejará de sentirse como algo que simplemente entra y sale de la vida.

Comenzará a sentirse como una herramienta que puede dirigirse, multiplicarse y crecer dentro de un sistema financiero personal.

Pero incluso más importante que los resultados financieros, habrá ocurrido una transformación más profunda.

Una transformación en la forma de pensar.

Una transformación en la forma de tomar decisiones.

Una transformación en la forma de ver las oportunidades.

Porque cuando una persona comprende realmente cómo funciona el dinero, algo cambia para siempre.

La ansiedad financiera comienza a desaparecer.

La claridad comienza a aparecer.

Y el futuro deja de sentirse como algo incierto.

Comienza a sentirse como algo que puede diseñarse.

Ese es el verdadero propósito del sistema.

No solo generar dinero.

Sino transformar la forma en que una persona construye su vida.

Y cuando esa transformación ocurre, la persona deja de actuar como alguien que simplemente gana dinero.

Comienza a actuar como alguien que **crea riqueza.**

Y esa identidad es la que exploraremos en el capítulo final.

16

LA IDENTIDAD DEL CREADOR DE RIQUEZA

A lo largo de este libro hemos explorado ideas que cambian profundamente la forma en que una persona puede entender el dinero.

Hemos visto que la riqueza no comienza en una cuenta bancaria.

Comienza en la mente.

Comienza en la forma en que una persona percibe el valor, las oportunidades y su capacidad para construir algo más grande que las circunstancias del momento.

También hemos visto que el dinero no es simplemente algo que aparece o desaparece al azar.

Es una herramienta.

Una herramienta que puede dirigirse.

Una herramienta que puede multiplicarse.

Una herramienta que puede convertirse en la base de un sistema financiero sólido.

Pero existe una verdad aún más importante.

La riqueza no es solo el resultado de estrategias financieras.

La riqueza es el resultado de **una identidad.**

Una identidad que transforma la manera en que una persona piensa, decide y actúa frente al mundo.

Las personas que construyen riqueza de manera consistente no necesariamente nacieron con conocimientos financieros extraordinarios.

Lo que desarrollaron fue una forma distinta de verse a sí mismas.

Comenzaron a verse como **creadores de valor**.

Personas capaces de aprender.

Personas capaces de identificar oportunidades.

Personas capaces de construir algo que antes no existía.

Esta identidad cambia la manera en que una persona se mueve en el mundo.

Cuando aparece un problema, no se ve como un obstáculo.

Se ve como una oportunidad de solución.

Cuando aparece una oportunidad, no se ve como algo lejano o inaccesible.

Se ve como algo que puede explorarse.

Cuando aparece el dinero, no se ve simplemente como algo para gastar.

Se ve como una herramienta para construir algo más grande.

Con el tiempo, esta forma de pensar transforma completamente la vida financiera de una persona.

Las decisiones comienzan a alinearse con una visión más amplia.

Los ingresos comienzan a dirigirse hacia activos.

Los activos comienzan a generar nuevas oportunidades.

Y poco a poco, el sistema comienza a crecer.

Pero quizás el cambio más importante no ocurre en el dinero.

Ocurre en la mente.

La persona deja de sentirse atrapada por circunstancias externas.

Comienza a sentirse capaz de diseñar su futuro.

Y cuando esta transformación ocurre, algo interesante sucede.

La riqueza deja de parecer un destino lejano.

Comienza a parecer una consecuencia natural de decisiones correctas repetidas con el tiempo.

El dinero comienza a fluir hacia estructuras que generan valor.

Las oportunidades comienzan a multiplicarse.

Y la vida comienza a moverse en una dirección completamente distinta.

Este es el verdadero significado de comprender **El Código de la Riqueza.**

No se trata simplemente de aprender a ganar más dinero.

Se trata de comprender cómo funciona el sistema.

Se trata de desarrollar la mentalidad, el control, la capacidad de generar ingresos y la habilidad de construir activos.

Pero sobre todo, se trata de desarrollar una identidad.

La identidad de alguien que no solo participa en la economía...

Sino que **crea valor dentro de ella.**

Alguien que no solo gana dinero...

Sino que **construye riqueza.**

Ese es el momento donde todo comienza a cambiar.

Porque cuando una persona adopta esta identidad, sus decisiones comienzan a alinearse con una visión más grande.

Cada oportunidad se analiza con mayor claridad.

Cada ingreso se dirige con mayor intención.

Y cada activo se convierte en una pieza dentro de un sistema financiero en crecimiento.

A partir de ese momento, el dinero deja de ser una preocupación constante.

Comienza a convertirse en una herramienta para diseñar la vida con mayor libertad.

Y ese es, en esencia, el propósito final de todo este proceso.

No se trata solo de riqueza.

Se trata de **libertad, visión y creación consciente del futuro.**

Ahora el código está en tus manos.

La pregunta ya no es si el sistema funciona.

La pregunta es una mucho más simple.

¿Qué comenzarás a construir a partir de hoy?

EL COMIENZO DE ALGO MÁS GRANDE

En algún lugar del mundo, en este mismo momento, alguien está tomando una decisión que cambiará completamente su vida financiera.

No se trata de una decisión espectacular.

No se trata de un golpe de suerte.

Es una decisión silenciosa.

La decisión de pensar diferente.

La decisión de dejar de ver el dinero como un misterio o una fuerza fuera de control.

La decisión de comprender que la riqueza no es un privilegio reservado para unos pocos.

Es el resultado de comprender ciertas reglas y aplicarlas con claridad.

A lo largo de la historia, cada generación ha producido personas que aprendieron a ver el mundo económico de manera distinta.

Personas que entendieron que el dinero sigue al valor.

Que los activos construyen libertad.

Y que el tiempo, cuando se combina con decisiones inteligentes, puede multiplicar resultados de formas sorprendentes.

Estas personas no necesariamente comenzaron con ventajas extraordinarias.

Muchas comenzaron exactamente donde comienzan millones de personas todos los días.

Con una idea.

Una decisión.

Una nueva forma de pensar.

A partir de ese momento comenzaron a construir.

Aprendieron.

Experimentaron.

Tomaron decisiones imperfectas, pero avanzaron.

Con el tiempo, esas decisiones comenzaron a acumularse.

Un ingreso adicional.

Un activo.

Una oportunidad.

Otra decisión inteligente.

Y poco a poco, el sistema comenzó a crecer.

Lo que al principio parecía pequeño comenzó a expandirse.

Las oportunidades comenzaron a multiplicarse.

Y el dinero dejó de sentirse como una lucha constante.

Comenzó a comportarse como una herramienta dentro de un sistema que generaba crecimiento.

Este es el proceso que ha transformado la vida financiera de muchas personas a lo largo de los años.

No porque encontraron una fórmula secreta.

Sino porque decidieron aprender las reglas del juego económico y aplicarlas con consistencia.

Ahora tú conoces esas reglas.

Conoces la importancia de la mentalidad.

Conoces el poder del control financiero.

Conoces la capacidad de generar valor e ingresos.

Y conoces la diferencia fundamental entre ingresos y activos.

Pero lo más importante es que ahora tienes algo más.

Una perspectiva diferente.

Una forma distinta de observar el dinero.

Y cuando esa perspectiva cambia, el mundo económico comienza a verse de otra manera.

Las oportunidades se vuelven más visibles.

Las decisiones se vuelven más estratégicas.

Y el futuro deja de parecer incierto.

Comienza a parecer algo que puede diseñarse.

La riqueza no es un destino que aparece de un día para otro.

Es un proceso.

Un proceso construido a partir de pequeñas decisiones tomadas con intención.

Cada decisión correcta fortalece el sistema.

Cada activo agrega una nueva pieza.

Cada oportunidad aprovecha el impulso acumulado.

Con el tiempo, ese proceso comienza a construir algo extraordinario.

Una vida financiera con dirección.

Una estructura que genera valor.

Y la libertad de diseñar el futuro con mayor claridad.

Pero todo esto comienza con algo extremadamente simple.

Una decisión.

La decisión de aplicar lo aprendido.

La decisión de construir.

Porque ahora el conocimiento está en tus manos.

El código ha sido revelado.

Y la siguiente página de esta historia no se escribirá en este libro.

Se escribirá en tu vida.

Todo comienza con el primer paso.

Y ese paso... comienza hoy.

Antes de cerrar estas páginas, es importante comprender algo fundamental.

El dinero es solo una dimensión del desarrollo humano. La verdadera transformación ocurre cuando la mente, el cuerpo, la identidad y la visión de vida evolucionan al mismo tiempo.

Por esa razón, **El Código de la Riqueza** forma parte de una colección más amplia de obras diseñadas para explorar distintas dimensiones del crecimiento personal: la mente, el físico, el propósito, la disciplina, la visión y la construcción consciente de una vida extraordinaria.

Cada uno de estos libros profundiza en un aspecto distinto del potencial humano. Juntos forman un sistema de aprendizaje diseñado para quienes desean ir más allá de mejoras superficiales y construir una transformación real, profunda y duradera.

Si este libro despertó en ti una nueva forma de pensar sobre el dinero y las oportunidades, te invito a continuar explorando el resto de las obras de esta colección.

Porque cuando el conocimiento se expande en múltiples dimensiones de la vida, algo extraordinario comienza a ocurrir.

No solo cambia tu relación con el dinero.

Cambia tu forma de pensar, actuar y construir tu futuro.

Y cuando esa transformación ocurre, el verdadero poder del conocimiento comienza a revelarse.

CONOCE AL AUTOR: EL FUNDADOR DE INSPIRED LEGACY PRESS

Edgar Hernández es **autor, conferencista y arquitecto de la transformación humana.** Es fundador de **Inspired Legacy Press**, un sello editorial independiente desde el cual lidera un movimiento global dedicado a la **maestría** y la **evolución del potencial humano.**

Su trabajo integra **filosofía, ciencia y psicología conductual** con **inteligencia emocional, neurobiohacking, biología del rendimiento, ciencia de la longevidad, hábitos de alto nivel** y **desarrollo físico sistemático**, con el propósito de cultivar **claridad mental, fortaleza interior** y una **disciplina inquebrantable.**

Es el creador del **Inspired Legacy Framework**, un sistema de transformación humana construido sobre **cuatro dimensiones fundamentales: Identidad, Cuerpo, Riqueza y Espíritu.** Este marco ha sido diseñado para quienes eligen **forjar su carácter, dominar su energía vital, expandir su conciencia** y construir una vida sustentada en **resultados reales**, más allá de la motivación pasajera.

A través de sus libros y enseñanzas sostiene una convicción central:

Quienes dominan su mente, sus emociones y sus hábitos... dominan su destino.

El Sistema Editorial Inspired

Este libro forma parte del **Sistema Editorial Inspired**, una arquitectura editorial concebida para la **transformación integral del ser humano.**

Es un sistema construido sobre **principios, estructura y una visión de largo plazo**, donde cada obra cumple una función específica dentro de un propósito mayor: desarrollar una **identidad consciente**, cultivar **claridad mental**, fortalecer la **autodisciplina**, consolidar la **fortaleza interior** y generar resultados sostenibles en las **cuatro dimensiones del desarrollo humano: Identidad, Cuerpo, Riqueza y Espíritu.**

El propósito del **Sistema Editorial Inspired** es **refinar el juicio, elevar el pensamiento y forjar el carácter.**

Cada libro es un pilar. Cada concepto es una herramienta. Cada página está diseñada para transformar la manera de pensar, decidir y vivir.

Este sistema está dirigido a quienes comprenden que el **crecimiento personal** no es una tendencia pasajera, sino una **práctica deliberada, disciplinada y estructurada**; que la **libertad** se construye mediante **conocimiento, decisión y coherencia**; y que todo **legado verdadero** comienza en la **arquitectura de la mente.**

Una filosofía de vida

Esto no es autoayuda. Es arquitectura humana.
Domina tu identidad.
Fortalece tu cuerpo.
Multiplica tu riqueza.
Expande tu espíritu.
Construye poder.
Construye libertad.

Construye legado.
Bienvenido al Universo Inspired.

instagram.com/edgarhernandezofficial
facebook.com/EdgarHernandezOfficial
youtube.com/@EdgarHernandezOfficial

Made in United States
North Haven, CT
06 November 2026

21866982R00067